# 노숙인 인권학교

노숙인도 우리와 같은 시민이에요!

이 책을 사라에게 바칩니다. -소피 보르데
이 책을 노숙인 구급대원들과 착한 사마리아 인들에게 바칩니다. -그자비에 에마뉘엘리 박사

프랑스 앙토니 지역 초등학교에서 아이들을 가르치는 베아트리스 브로 선생님과 학생 여러분 고맙습니다. 소중한 힘을 보태 주신 파리 노숙인 구급대의 발레리 코통과 안느로르 게강에게도 감사의 마음을 전합니다. 자신들이 처한 현실을 솔직하게 이야기해 주신 노숙인 여러분께도 감사드립니다.

## 노숙인 인권학교

그자비에 에마뉘엘리·소피 보르데 글 | 레미 사이아르 그림 | 배형은 옮김 | 노명우 감수

1판 1쇄 발행 2017년 3월 30일  1판 2쇄 발행 2018년 6월 21일  펴낸이 정중모  펴낸곳 톡
등록 1988년 1월 21일(제406-2000-000202호)  주소 경기도 파주시 회동길 152
전화 031-955-0670  팩스 031-955-0661~2  전자우편 bbchild@yolimwon.com
홈페이지 www.bbchild.co.kr  ISBN 978-89-6155-543-2  74100, 978-89-6155-246-2(세트)

Pourquoi des gens vivent dans la rue?
written by Xavier Emmanuelli, Sophie Bordet, illustrated by Rémi Saillard

Original copyright © Bayard Editions, 2010
All rights reserved.
Korean translation copyrights © Bluebird Publishing Co., 2017
Korean edition is published by arrangement with Bayard Editions
through Sibylle Books Literary Agency, Seoul Korea.

이 책의 한국어판 저작권은 시빌에이전시를 통해 프랑스 Bayard Editions와 독점 계약한 파랑새에 있습니다.
저작권법에 의해 한국 내에서 보호를 받는 저작물이므로 무단전재와 복제를 금합니다.
톡은 파랑새에서 만들었습니다.

어린이제품안전특별법에 의한 제품 표시
제조자명 톡 | 제조년월 2018년 6월 | 제조국 대한민국 | 사용연령 8세 이상

생각을 톡(toc) 틔워 주고, 마음속에 담긴 이야기(talk)를 나눌 수 있는 책을 만듭니다.

그자비에 에마뉘엘리·소피 보르데 글 ● 레미 사이아르 그림 ● 배형은 옮김 ● 노명우 감수

# 노숙인 인권 학교

노숙인도 우리와 같은 시민이에요!

꼬마 철학자 7

노숙인에게는 주변의 따뜻한 관심과 배려가 필요해요.

누가 이 책을 만들었을까?

### 프랑스의 초등학교 친구들과 선생님들

선생님의 도움을 받아 '노숙인과 사회적 소외'라는 주제에 대해 저마다 일상생활에서 보고 들은 일들을 바탕으로 서로 질문하며 자기 의견을 말했어요.

### 그자비에 에마뉘엘리 의학 박사님

프랑스 파리에 노숙인 구조대를 설립하신 분이에요. 노숙인 구조대는 위험한 상황에 처한 노숙인을 구하고 보호하는 일을 하지요. 박사님은 학생들의 질문에 정성껏 답해 주셨어요. 참, 박사님은 어린이를 위한 그림책도 썼어요.

### 소피 보르데 글 작가

기자이자 어린이책 작가예요. 학생들의 질문과 그자비에 에마뉘엘리 박사님의 답변을 모아서 쉽고 재미있게 글로 써 주셨어요.

### 레미 사이아르 그림 작가

학생들이 글의 내용을 쉽게 이해할 수 있도록 그림을 그려 주셨어요..

### 배형은 번역가

프랑스 어로 된 글을 우리나라 독자들이 읽을 수 있게 우리말로 옮겨 주었어요. 서울대학교 불어불문학과를 졸업하고 동 대학원에서 석사 학위를 받았어요. 다양한 분야의 프랑스 책을 번역하고 있어요.

### 사회학자 노명우 박사님

밝은 사회를 만들기 위해서는 그 사회의 어두운 면을 더 잘 알아야 한다고 믿는 사회학자예요. 독일 베를린자유대학교에서 사회학으로 박사 학위를 받으셨어요. 현재는 아주대학교에서 대학생들에게 사회학을 가르치는 교수님이에요. 이 책을 더 쉽고 재미있게 읽을 수 있도록 책 내용을 꼼꼼히 확인해 주셨어요.

# 밝은 사회를 만들려면 어두운 곳부터 관심을 기울여야 해요!

학교 다닐 때 선생님들이 이런 말을 자주 하셨어요. "공부하기 싫다고 자꾸 꾀부리면 나중에 거지된다."라고요. 겁이 덜컥 났었지요. 그런 이야기를 자주 들어서 그랬는지 길에서 노숙인을 보면 '분명 학교 다닐 때 공부를 소홀히 했을 거야.'라고 짐작하곤 했습니다.

1993년에 독일로 유학을 갔습니다. 독일에서 받았던 첫 충격은 역 주변에서 흔히 볼 수 있는 노숙인이었어요. 왜 한국보다 훨씬 잘사는 독일 같은 나라에 노숙인이 그렇게 많은지 이해할 수 없었지요.

1997년 IMF구제금융사태가 벌어졌을 때, 방학을 맞이해서 잠깐 한국에 들렸어요. 그때 전 서울역 근처의 풍경을 보고 깜짝 놀랐습니다. 한국에서 그토록 많은 노숙인이 모여 있는 광경은 본 적이 없었거든요. 뭔가 망치로 머리를 맞은 느낌이었습니다. 저건 일시적인 현상이라고, 아니 일시적인 현상이었으면 좋겠다고 생각했어요. 그런데 노숙인은 사라지지 않았습니다.

전 지금 서울역에서 가까운 곳에 살고 있습니다. 서울역 주변에는 노숙인을 지원하는 시설들이 많아요. 그래서인지, 서울역 주변에는 거리에서 생활하는 노숙인이 많지요. 사회학자인 저는 그분들의 사연이 매우 궁금해요. 어쩌다가 거리에서 살게 되었는지 묻고 싶기도 해요. 하지만 살짝 겁나기도 하죠. 아무리 집 없는 사람이라도 불쑥 왜 거리에서 살게 되었냐고 묻는 건 실례라는 생각에 망설여지기도 하고요.

우리가 살고 있는 사회에는 밝은 면도 있고 같은 크기로 어두운 면도 있어요. 사회의 어두운 면을 접하면 좀 겁이 나죠. 낯설기도 하고요. 하지만 전 어른이 된다는 건, 사회의 밝은 면과 어두운 면을 다 이해하려고 노력하는 것이라 생각해요.

자, 그럼 우리 함께 노숙인들의 세계로 한번 들어가 볼까요? 왜 그래야 하냐고요? 우리가 사는 사회를 더 밝게 만들고 싶으면 어두운 곳부터 관심을 기울여야 하니까요. 용기를 내서 그 세계로 들어가 보고, 더 밝은 사회는 어떻게 가능한지 함께 고민해 봐요. 이 책이 여러분에게 도움을 줄 거예요.

사회학자 노명우
아주대학교 사회학과 교수

# 차례

밝은 사회를 만들려면 어두운 곳부터 관심을 기울여야 해요! 6-7

거리에서 만난 노숙인 10-11

어떤 사람들이 길에서 살아요? 12-13

우리 동네에는 종이 상자에 사는 아주머니가 있어요 14-15

길에서 사는 아이들도 있나요?
아주머니가 아기를 안고 구걸해요 16-17

가난한 사람은 왜 생기는 거예요? 18-19

노숙인은 정말 가난한 걸까요?
돈을 벌기 위해 가난한 척하는 건 아닐까요? 20-21

일하는 것보다 구걸하는 게 낫다는 노숙인도 있어요 22-23

왜 부모나 친구가 도와주지 않나요? 24-25

자녀가 있는 노숙인도 있나요? 26-27

왜 길에서 사는 사람이 점점 늘어날까요? 28-29

다리 밑에서 사는 노숙인을 본 적이 있어요!
판자촌에 사는 사람들도 있나요? 30-31

파리에서는 오갈 데 없는 사람들이 텐트를 치고 살아요
텔레비전 뉴스에서 봤는데, 숲에서 사는 사람들도 있대요 32-33

거리에서 자다가 경찰에게 체포될 수도 있나요? 34-35

추운 겨울은 어떻게 나나요?
여름에는 노숙인이 줄어드는 것 같아요. 어디로 가는 거죠? 36-37

끼니는 어떻게 해결하나요? 38-39

화장실은 어떻게 해결하나요? 40-41
안 좋은 냄새가 나요!

길에서 생활하다 보면 병에 걸릴 텐데요 42-43
노숙인이 병원에 가면 치료비는 누가 내나요?

몇몇 노숙인은 왜 공격적이죠? 44-45

거리에서 가난한 사람을 보면 왜 마음이 아플까요? 46-47

노숙인을 돕고 싶어요. 인사를 건네는 걸로 시작하면 어떨까요? 48-49

아빠가 노숙인에게 동전을 줘요 50-51
음식을 사라고 준 돈으로 술을 사는 노숙인이 있어요!

노숙인에게 식사를 대접하는 아주머니를 알고 있어요 52-53
우리 동네에는 가난한 사람을 돕는 단체가 있어요

우리 집에서 며칠만 지내게 하면 어떨까요? 54-55
노숙인이 살 수 있도록 집을 더 지으면 되잖아요?

왜 보호 시설에 가지 않으려는 노숙인이 있을까요? 56-57
겨울엔 억지로라도 보호시설에 들어가게 하면 어때요?

노숙인 아저씨가 어느 날 갑자기 사라졌어요! 이유가 뭘까요? 58-59

노숙인은 평생 거리에서 사나요? 60-61

거리를 떠나 자유를 찾아서 62-63

노숙인 구조대에서는 무슨 일을 하나요? 64-65

자, 이제 무엇을 하면 좋을까요? 66-67
노숙인을 위해 우리가 할 수 있는 일은 또 없을까요?

# 거리에서 만난 노숙인

> **애완견 밥과 함께 텐트에서 살아요**
>
> 파리 근처 뱅센 숲에서 살고 있죠. 노숙인 장기보호시설 중에 동물을 받아 주는 곳은 거의 없거든요. 파리 변두리에 사는 가족과는 이제 연락이 끊겼고요. 건축 문화재 복원 기술을 갖고 있지만 일거리가 없어요. 그래서 일거리를 찾는 동안, 나라에서 매달 보조금을 받고 있지요. 집을 얻기엔 부족한 금액이지만 끼니는 때울 수 있어요.
>
> 돈이 모자랄 때는 백화점 앞에서 구걸해요. 무척 괴로운 일이죠. 어떤 사람들은 나를 전염병 환자 취급하며 피해요. 어떤 사람들은 나를 되는 대로 막 사는 게으름뱅이로 생각하고요. 가끔은 먼저 인사를 건네는 사람들도 있지만요.
>
> 거리는 그 나름대로 하나의 세계를 이루고 있어요. 노숙인 나름의 기준과 습관, 규칙이 있지요. 나는 아침마다 추위에 떨며 잠에서 깨요. 오늘 하루도 갈 곳 없이 떠돌아야 한다는 생각에 가슴이 저려 오지요. 어느덧 길에서 산 지도 7년이 되었군요.

**스테판, 33살**

사생활 보호를 위해 가명을 사용했습니다.

## 《 이혼한 뒤로 거리에서 살고 있어요

6년쯤 되었죠. 정비사 일도 그맘때 그만두었어요. 더는 일할 힘이 없었지요. 다섯 살 난 딸이 있는데 가끔 만나곤 해요. 그 애가 내 유일한 가족이에요. 나는 고아원에서 자랐거든요. 나는 나라에서 보조금을 받으며 살고 있어요. 집을 얻기에는 턱없이 부족하죠. 그래서 노숙인 임시보호시설에 가서 잠을 자요. 보호시설에 자리가 없을 땐 길에서 잠을 청하죠. 한 달 정도 다시 일한 적도 있었지만, 오래가지 못했어요. 거리에서 생활하면서 일하는 건 굉장히 고되거든요. 추운 데서 밤을 보낸 뒤 제대로 씻지도 못한 채 출근해야 해요. 다행히 방을 얻도록 도와주겠다는 사람들이 나타나서 희망이 생겼지만, 그때까지 기다리기가 힘드네요. 우울할 땐 파리 북쪽에 사는 노숙인들과 어울려요. 그 사람들에게서 힘을 얻곤 하지요. 》

**장클로드, 39살**

## 《 파리 거리에서 살아요

언제부터였는지 기억도 잘 나지 않네요. 낮에는 작은 손수레를 끌고 광장이나 지하철역으로 가요. 저녁에는 임시보호시설을 찾아가곤 하지요. 나는 세르비아에서 자랐고 프랑스로 와서 결혼했어요. 그런데 얼마 뒤 남편이 세상을 떠났죠. 그 뒤로 남편 가족과는 연락이 되지 않아요. 우리 가족은 아마 세르비아에 살고 있을 거예요. 노숙을 하기 전에는 다른 이민자들과 방 하나를 얻어서 함께 살았어요. 그러다가 사람들에게 내쫓겼죠. 그때 사람들이 내 짐을 전부 버리면서 짐 안에 있던 신분증까지 잃어버렸어요. 그래서 보조금을 받지 못해요. 낮에는 장이 파하는 곳이나 상점 쓰레기통을 뒤져서 먹을 걸 찾아요. 저녁은 보호시설에서 먹고요. 매주 한 번은 노숙자 구조대에 가서 빨래하고 몸을 씻고 진찰도 받아요. 그곳에서는 내가 신분증을 다시 만들 수 있도록 도와주고 있어요. 신분증을 만들면 나라에서 보조금을 받을 수 있겠죠. 》

**마야, 48살**

11

## 어떤 사람들이 길에서 살아요?

북아메리카나 유럽처럼 부유한 지역에도 도시에는 집 없이 사는 사람이 많아요. **다양한 나이의 사람들이 가족이나 친구와 떨어져서 거리에서 외롭게 살아가고 있죠.** 그중에는 어린 시절을 불행하게 보냈거나, 가족과 싸워서 만날 수 없거나, 이혼한 사람, 직장을 잃은 사람이 많아요. 큰 사고를 당해서, 병에 걸려서, 아무리 노력해도 다시 일어설 수 없는 사람들도 있어요. 실패에 실패를 겪다 보니 도움을 청할 힘마저 잃은 경우도 많고요.

학교에도 가지 않고 일할 곳도 찾지 못한 **청소년**도 길에서 살아가요. 이들은 여러 이유로 가족과 관계를 끊었죠. 앞날에 대한 계획도, 목표도, 희망도 없어요.

길에는 **가난한 노인**도 살아요. 친구도 없고 자녀는 멀리 떨어져 살죠. 도와주는 사람도 없이 혼자 비참하게 생활해요.

**정신적인 질환을 가진 사람**도 길에서 만날 수 있어요. 이 사람들은 약을 먹고 치료를 받아야 해요. 하지만 안타깝게도 이들을 꾸준히 지원해 주는

### 노숙인? 노숙자? 홈리스?

예전에는 거리에서 생활하는 사람을 '노숙자'라고 불렀어요. 2000년대에 들어서자 사람들이 노숙인 인권에 관심을 갖기 시작했고, 인권 존중의 의미로 노숙자 대신 '노숙인'이라는 말을 사용하기 시작했어요. 최근에는 단순히 집이 없다는 뜻에서 한발 더 나아가 돌아갈 가족이 없다는 뜻으로 '홈리스'라는 말을 사용하기도 해요.

전문 기관은 거의 없어요.
직업은 있지만, 턱없이 적은 월급으로 사는 **가난한 노동자**도 길에서 볼 수 있어요. 일거리가 없어 한 달에 고작 몇 시간밖에 일하지 못하기도 해요. 집세를 낼 만큼 충분히 벌지 못하지요.
끝으로 **이민자들**이 있어요. 가난이나 전쟁 또는 가혹한 정치 지도자를 피해 자기 나라를 떠나온 사람들이에요. 더 나은 삶을 꿈꾸며 대도시로 찾아오지만 대부분 이민에 필요한 서류도, 그 나라에서 일할 수 있는 자격도 갖추고 있지 않아 일자리를 얻기 어려워요. 돈을 벌지 못하니 방도 얻을 수 없지요. 결국 일자리를 찾을 때까지 길에서 살 수밖에 없어요.
길에서 살아가는 사람들은 이렇게 여러 부류가 있어요. 어떤 사연을 지녔든, **이들은 스스로 거리 생활을 선택한 게 아니에요.** 프랑스 같은 부유한 나라에서도 노숙인이 처한 상황은 심각한 사회 문제지요.

## 우리 동네에는 종이 상자에 사는 아주머니가 있어요

《 아마 종이 상자 말고는 달리 살 곳이 없을 거예요.

**길에서 생활하는 여성의 수가 점점 늘어나고 있어요.** 한국은 전체 노숙인 중 여성이 10퍼센트 안팎을 차지하고, 프랑스는 20퍼센트쯤 된다고 해요. 하지만 해마다 그 수는 늘어나고 있어요. 여성 노숙인은 이혼한 뒤에 가족과 친구를 잃고 거리로 나온 경우가 많아요.

길에서 사는 건 **남성보다 여성에게 더 위험해요.** 스스로 보호하기가 더 어렵기 때문이에요. 그래서 한국은 **여성 노숙인만 묵을 수 있는 보호시설**을 따로 만들었어요.

프랑스의 경우도 노숙인 보호시설에서 **여성 노숙인을 우선적으로 받아들이고 있어요.** 여성 노숙인이 아이를 데리고 거리에 있는 경우는 찾아볼 수 없어요. 그런 사람들은 반드시 안전한 시설에서 보호받도록 돕고 있거든요. 》

# 길에서 사는 아이들도 있나요?

아이들은 무리를 이루어 구걸이나 도둑질을 하며 살아요. 사람들 눈에 잘 띄지 않는 공원이나 다리 밑, 지하실 같은 곳에서 자고요. 어떤 아이들은 종이 상자로 보금자리를 만들기도 하지요.

다행히 여러 국제단체에서 이런 아이들이 보살핌을 받으며 다시 학교에 다닐 수 있도록 계속 노력하고 있어요.

어린이 보호 제도가 잘 마련된 나라에는 거의 없어요. 가출해서 며칠 거리를 떠도는 아이들은 있을 테지만요. **프랑스를 비롯한 선진국에서는 법으로 아이들을 보호해요.** 한국도 법으로 아이들을 보호하고 있답니다.

**하지만 아이들을 제대로 보호하지 못하는 나라도 많아요.** 남아메리카, 아시아, 아프리카 같은 지역의 가난한 나라에서는 시장이나 기차역에서 먹고 자는 아이들이 점점 늘고 있어요. 대개 가정 폭력에 못 이겨 집을 나오거나, 전쟁이나 자연재해로 고아가 된 아이들이죠.

### 어린이 인권

1989년, 전 세계 약 200개국이 '아동권리협약'을 맺었어요. 어린이의 권리를 존중하고, 어린이를 보호하자는 약속이지요. 아동권리협약에는 "어린이는 가족과 함께 살 수 있어야 한다, 건강한 음식을 먹고 보살핌을 받아야 한다, 사랑과 신뢰를 받아야 한다, 학교에 다닐 수 있어야 한다" 등이 쓰여 있어요. 하지만 세계 모든 어린이들이 아동권리협약을 누리지는 못해요.

## 아주머니가 아기를 안고 구걸해요

사람들에게 동정심을 얻으려는 거예요. 진짜 자기 아기를 데리고 구걸할 수도 있고, 다른 사람의 아기일 수도 있어요. 심지어 아이들에게 지하철 등에서 구걸하게 하는 사람들도 있어요. 프랑스와 한국을 비롯한 많은 나라에서는 아이와 함께 구걸하거나 아이에게 구걸시키는 일을 법으로 금지해요. 이 법을 어기면 무거운 처벌을 받게 된답니다.

어린이가 구걸하는 모습을 보면 가슴이 아프죠. 아이들은 성인이 되기 전까지는 보호받을 권리가 있어요. 따라서 구걸하는 아이들도 반드시 **보호시설에서 보살핌과 교육을 받아야 한답니다.**

## 가난한 사람은 왜 생기는 거예요?

여러 가지 이유가 있겠지만 **월급이 너무 적거나 실업자**가 된 뒤에 다시 일자리를 구하지 못하면 가난에 시달리게 돼요. 수입은 적은데 **집세는 비싸고 물가는 계속 오르니까요.**

살 곳이 있어도 비참한 환경에서 하루하루를 겨우 버티며 살아가는 사람들도 많아요. 나라에서는 이런 사람들을 위해 여러 가지 정책을 내놓지요. 육아 보조금, 실업 급여 등이 그 예에요. 하지만 여전히 그들을 위한 도움의 손길은 많이 부족해요.

아프리카의 시골 마을들은 가난해요. 노인이나 병자, 고아를 돕는 기관도 하나 없고요. 하지만 거리로 내몰리는 사람은 없어요. 사람들 사이에 끈끈한 **공동체 의식**이 있기 때문이에요. 마을 사람들은 서로 음식을 나누어 먹고, 노인을 공경하며, 환자나 고아들을 함께 돌보고 보호하지요.

하지만 우리가 사는 도시에서는 사람들이 소외되어요. 직장이나 집을 잃어서 **소외**되기도 하지만 다른 사람에 대한 무관심과 나만 아는 이기심 때문에 소외되기도 해요.

### 빈곤선
최소한의 인간다운 생활을 유지하는 데 필요한 수입을 말해요. 수입이 빈곤선보다 낮으면 가난하다고 해요. 빈곤선은 나라마다 정하는 방법이 달라요. 프랑스에서는 700만 명이 빈곤선보다 낮은 수입으로 생활하고 있어요. 그중 200만 명이 어린이와 청소년이지요. 반면 한국에서 수입이 빈곤선에 못 미치는 사람 중에는 노인들이 많아요.

## 노숙인은 정말 가난한 걸까요?
## 돈을 벌기 위해 가난한 척하는 건 아닐까요?

《 노숙인이 정말 가난한지 알 수 있는 방법은 없어요. 중요한 문제도 아니고요. 진심으로 남에게 베풀고자 한다면 이런 질문은 할 필요가 없지요. 뛰어난 능력이나 훌륭한 기술을 가진 노숙인도 있어요. 하지만 이 세상에선 아무리 뛰어난 능력을 가지고 있어도 주머니에 동전 몇 푼만 남고 잘 곳조차 구하지 못하는 일도 생겨요. 사람들이 **소외되는 이유를 가난만으로 설명할 수는 없어요.** 돈이 별로 없어도 자신과 함께해 주는 친구나 가족이 있는 사람은 절대 소외되지 않으니까요. 》

 일하는 것보다 **구걸하는 게 낫다**는 노숙인도 있어요

노숙인들이 처한 상황을 알면 왜 그런 말을 하는지 이해할 수 있어요. **노숙인은 구걸 말고는 다른 선택을 하기 힘들어요.**

일자리를 얻으려면 일정한 능력을 갖추어야 해요. 하지만 노숙인이 그런 능력을 갖추기는 쉽지 않아요. 그런 능력을 가졌다 해도 노숙인에게 일자리를 주는 곳은 적어요.

예전에는 여행객의 가방을 들어 주거나 트럭에 짐을 싣는 등 자격증이 없이도 할 수 있는 일들이 많았어요. 큰돈은 못 벌어도 돈을 벌 수 있었지요. 요즘은 이런 일거리가 거의 없어요. 그렇다 보니 정식 일자리를 찾는 동안 생활에 필요한 적은 돈마저 벌기 힘들죠.

정식 일자리를 구하려면 신분증이나 졸업 증명서 등과 같은 증명 서류가 필요해요. 증명 서류가 없는 사람은 일자리를 구하기 힘들지요. 그래서 근로 계약서를 작성하지 않고 일하는 경우도 있어요. 근로 계약서를 작성하지 않고 일하면 사고가 났을 때 제대로 보상받을 수 없지요.

노숙인 중에는 일자리를 찾을 힘조차 없는 사람도 있어요. **거리에서 생활**하다 보면, **몸이 많이 상하거든요.** 그래서 **구걸을 직업으로 삼는 사람이 생겨요.** 이들은 아침에 일어나면 우체국이나 빵집, 슈퍼마켓 앞으로 가요. 자기만의 구역이 정해져 있거든요. 어떤 사람은 손에 팻말을 들고 앉아서 구걸해요. 어떤 사람은 지하철 안이나 거리에 멈춰 선 자동차에 다가가 구걸하지요. 기도하듯 머리를 조아린 채 구걸하는 사람도 있어요. 구걸하는 사람이 정장을 빼입고 있다면 어떨까요? 한 푼도 벌 수 없을지 몰라요. 그래서 구걸하는 노숙인은 더럽고 허름한 옷을 입어요. 어쨌든 구걸은 어렵고, 고통스럽고, 수치스러운 행동이에요. **만일 노숙인에게 일자리를 준다면, 일하지 않을 사람은 없을 거예요.**

> **가난한 사람들을 위한 지원금 제도**
> 한국에는 기초 생활 수급비라는 제도가 있어요. 돈을 벌 수 없는 상황에 처해 있거나 일정 기준의 돈을 벌지 못하는 가난한 사람들에게 나라에서 매달 일정 금액을 지급하는 거예요. 이 지원금은 국민들이 낸 세금으로 주지요. 하지만 모든 나라가 지원금 제도를 시행하지는 않아요.

## 왜 부모나 친구가 도와주지 않나요?

부모가 돌아가셨거나 **관계가 끊어졌을 거예요.** 불행한 어린 시절을 보냈거나, 장애가 있어서 버려졌거나, 부모와 크게 싸웠거나, 부모가 이혼했거나, 큰 사고를 겪었다면 더더욱 부모를 만나기 힘들 수 있어요. 피붙이가 있어도 각자 가슴 아픈 사연을 마음에 품고 **뿔뿔이 흩어져 살게 되지요.**

가난하면 친구를 만나고 싶은 마음도 사라질 수 있어요. 가난이 창피해서 새로운 친구를 만날 의지조차 없어지게 되지요. 이렇게 사회에서 소외되면 소외될수록, 자신이 더 초라하게 여겨지고, 새로운 관계를 맺고 싶은 마음이 완전히 사라지게 되어요. 그러다 결국 홀로 남아 평생 외톨이로 살게 되지요.

다행히 다른 노숙인이나 동네 주민과 잠깐이나마 친구가 되는 노숙인도 있어요.

## 자녀가 있는 노숙인도 있나요?

**그럼요. 태어나서 줄곧 거리에서만 산 사람은 거의 없어요.** 가정을 이루고 살다가 가족과 헤어진 노숙인이 더 많아요. 자신과 가족 모두에게 굉장히 고통스러운 일이죠.
**노숙인의 자녀들은 대개 부모와 별개로 자신의 삶을 살아요.** 학교에 가고, 공부하고, 일하고, 아이를 키우며 살아가지요. 노숙인 중에는 자녀와 소식을 주고받는 사람도 있어요. 자녀가 손 내밀며 다가와도 다시 관계 맺기를 두려워하는 노숙인도 있지요. 부모가 거리에서 산다고 자식들도 노숙인이 되는 건 아니에요. **소외가 꼭 대대로 이어지는 것은 아니거든요.** 소외는 실패와 불운이 잇따를 때 일어나요.

부부 노숙인도 있어요. 남편과 아내가 함께 노숙 생활을 하지요. 하지만 부부 노숙인은 아이를 가질 수 없는 경우가 많아요. 오랜 거리 생활로 인해 몸이 무척 약해졌기 때문이에요.

## 왜 길에서 사는 사람이 점점 늘어날까요?

**세상이 점점 더 복잡해지고 있기 때문이에요.** 하루가 다르게 생겨나는 신기술은 도시를 발달시켰고, 사람들은 가난에서 벗어나기 위해 도시로 몰려들었어요. 그 바람에 도시에는 노숙인이 늘어났지요. 노숙인 보호시설에 한 사람을 데려가면 그 자리에 곧 다른 노숙인이 나타났어요.

노숙인에게는 **일자리와 살 집이 필요해요.** 또한 정신과 치료를 받을 수 있는 시설도 마련되어야 하고요. 이민자를 위한 올바른 정책도 시행되어야 하지요.

노숙인 문제는 개인의 문제가 아니라 사회 문제예요. 빠르게 변하는 사회 속에서 여러 문제가 뒤죽박죽 얽혀 생겨난 일이지요. 하지만 가족과 이웃의 행복보다 나의 성공과 출세에 더 큰 가치를 두는 사람이 많아지면서 사람들 사이의 공동체 의식은 점점 줄어들고 있어요.

**우리의 생각과 사회를 바꿔야 해요.** 어린이가 더 행복한 사회, 누구나 원하면 배울 수 있는 사회, 누구나 일자리를 얻을 수 있는 사회를 만든다면 거리에서 생활하는 노숙인은 줄어들 거예요. 꿈같은 얘기라고요? 하지만 이미 그런 사회를 만들기 위한 노력은 계속되고 있어요.

## ATD 제4세계 - 빈곤 퇴치를 위해 노력해요

ATD 제4세계(All Together in Dignity to overcome poverty)는 1957년 프랑스의 조셉 레신스키 신부가 빈곤 퇴치를 위해 만든 단체예요. 프랑스 같은 부유한 나라에도 가난으로 고통받는 사람은 많거든요. 조셉 신부는 "가난한 사람에게 필요한 것은 옷과 음식이 아니라 인간의 존엄성이다."라고 주장하며 빈곤 퇴치와 빈곤에 대한 인식 개선을 위해 노력했어요. 지금도 ATD 제4세계는 빈곤 퇴치를 위해 끊임없이 노력하고 있답니다. (www.atd-fourthworld.org)

## 다리 밑에서 사는 노숙인을 본 적이 있어요!

옥탑방이나 쪽방은 좁고 허름하지만 방세가 싸요. 그런데 요즘엔 이런 **지붕이 있는 것만으로도 고마운 싼 방들이 사라지고 있어요.** 도시 전체가 개발되고 있기 때문이지요. 나라에서 받은 지원금으로 여관방을 잡는 노숙인도 있어요. 편안하게 며칠 밤을 보낼 수 있지요. 하지만 돈이 떨어지면 다시 노숙인 보호시설이나 거리로 돌아가야 하죠.

**노숙인은 자신이 머물 곳을 열심히 찾아요.** 다리 밑이나 큰 건물의 처마 아래, 공중전화 부스 등 비를 피할 수 있는 곳이면 어디든 자리를 잡죠. 추위를 피해 은행이나 무인 빨래방, 지하철역 안에 자리 잡기도 해요. 시끄러운 소음과 자동차 배기가스 냄새가 코를 찌르는 고가 도로 밑에 사는 사람들도 있어요. 노숙인은 자신이 머무는 곳에 이불이나 약간의 식량, 개인 소지품을 가져다 두기도 해요. 그곳이 '집'이니까요.

### DAL - 살 곳을 만들어요

DAL은 프랑스어로 '거주권(droit au logement)'이란 단어의 머리글자를 따서 만든 단체예요. 빈방이 있는 버려진 건물을 찾아내고, 집세를 내지 못한 사람들이 거리로 내몰리지 않게 하는 활동을 해요. 살 곳이 없거나 열악한 환경에서 살고 있는 사람들을 도와주는 일을 하지요.

## 판자촌에 사는 사람들도 있나요?

》 판자촌은 버려진 건축 자재로 지은 집이 모인 동네예요. **프랑스에는 이제 판자촌이 없어요. 서울도 2020년이면 판자촌이 모두 사라지게 된답니다.**

1950년대, 제2차 세계 대전이 끝난 뒤 프랑스 경제가 되살아나자 많은 외국인 이민자가 프랑스로 쏟아져 들어왔어요. 가난한 이민자들은 노숙인이 되거나 대도시 주변에 판잣집을 짓고 살았어요. 파리 주변만 해도 판자촌이 열 군데나 되었지요. 하지만 6, 70년대에 새 집을 많이 지으면서 판자촌은 거의 사라지게 되었어요. 이제 **판잣집은 보기 드물어요.** 가끔 사람들 눈이 닿지 않는 길가나 공터에서 볼 수 있지요. **프랑스에서는 나라에 등록되지 않은 외국인 이민자들**이 판잣집에 많이 살아요. 서울의 마지막 판자촌인 구룡마을은 2020년에 철거될 예정이에요. 구룡마을에는 주로 가난한 노인들이 살고 있어요. 《

### 피에르 신부의 싸움은 아직 끝나지 않았어요

피에르 신부는 프랑스에서 판자촌 문제를 처음으로 이야기한 사람이에요. 피에르 신부는 다른 사람들과 함께 힘을 합쳐 판자촌 주민들을 도왔지요. 신부님은 2007년에 세상을 떠났지만 신부님이 시작한 싸움은 지금도 계속되고 있어요. 피에르 신부 재단은 가난한 사람들에게 살 곳을 마련해 주기 위한 다양한 활동을 계속해서 펼쳐 가고 있답니다.

## 파리에서는 오갈 데 없는 사람들이 텐트를 치고 살아요

**프랑스에는 노숙인에게 텐트를 나눠 주는 단체가 있어요.** 센 강가, 생마르탱 운하, 지상 전철 철로를 따라 늘어선 알록달록한 텐트는 파리 풍경의 일부가 되었죠.

텐트는 아늑한 느낌을 주지만 추위나 땅에서 올라오는 습기를 완전히 막아 주지는 못해요. 또한 **텐트는 사람을 더욱 소외시켜요. 텐트 안은 개인적인 공간**이라서 허락 없이 들어갈 수 없어요. 그래서 노숙인 구조대가 노숙인이 어떤 상황에 처해 있는지 알기가 쉽지 않아요.

**텔레비전 뉴스에서 봤는데, 숲에서 사는 사람들도 있대요**

《 큰 도시를 둘러싸고 있는 **산이나 숲에 사는 노숙인도 있어요.** 눈에 띄지 않도록 천막을 치거나 비를 가릴 지붕을 대충 만들어 놓고 살지요. 길에서 산다는 걸 숨기고 싶은 사람이나 개를 키우는 사람이 많아요. 동물을 받아 주는 노숙인 보호시설은 별로 없거든요. 숲에 사는 노숙인은 삼삼오오 모여 이야기를 나누거나, 건전지로 작동하는 텔레비전을 보기도 해요. 낮에는 시내에서 지내는데 각자 정해진 구역에만 머물러요. 노숙인은 무턱대고 자리를 옮기지 않아요. 밤에 잠을 자는 **야간 구역**(사람들의 시선을 피할 수 있고 안전한 느낌이 드는 장소지요.)과 구걸을 하는 **업무 구역을 따로 정해요.** 교회나 성당, 레스토랑, 쇼핑몰 출입구 같은 곳에요. 노숙인들은 도움을 받을 수 있는 보호시설도 잘 알고 있어요. 그래서 정해진 일과에 따라 장소를 옮겨 다니지요. **위험을 무릅쓰고 정해진 구역을 넘어 가는 일은 거의 없어요.** 》

거리에서 자다가 경찰에게 체포될 수도 있나요?

》 아니요. 현재 프랑스에서는 길에서 잠자는 것이 법을 위반하는 일은 아니에요. 하지만 구걸과 노숙은 오랫동안 불법이었어요. 프랑스 정부는 1950년대까지 노숙인을 일종의 감옥이나 다름없는 '빈민 수용소'에 보내 버렸죠. **1993년이 되어서야 구걸과 노숙이 범법 행위에서 빠지게 되었어요.** 한국에서는 아직도 지하철에서 구걸이나 노숙을 하면 법에 걸려요.

파리에는 파리 경찰청에 소속된 노숙인을 돕는 지원반이 있어요. 이 지원반은 이른바 '인간적인 경찰'의 역할을 맡고 있지요. 파리의 구석구석을 돌아다니며 가난에 찌든 사람들에게 도움의 손길을 내밀어요. 한국도 비슷해요. 각 파출소가 위급한 상황에 빠진 노숙인을 돕는 업무를 해요.

## 추운 겨울은 어떻게 나나요?

노숙인들은 **추위와 싸우는 법**을 알고 있어요. 스웨터를 껴입거나 이불을 몇 겹씩 뒤집어쓰지요. 또한 찬바람을 피하고 몸도 녹일 수 있는 곳을 점찍어 두기도 하죠. 예를 들어 지하철역 입구 같은 곳이요. 노숙인은 낮은 기온에 익숙해져서 우리보다 추위에 강해요. 추운 곳에서 몇 달 혹은 몇 년을 보내면서 몸의 저항력이 커진 거예요. 하지만 추운 날씨에 제대로 먹지도 못하면 몸이 약해져 아플 수 있어요. 게다가 **알코올 중독이라면 상황은 더 위험**하지요. 알코올 중독자는 감각이 무뎌져서 자신도 모르게 저체온증에 걸려 죽을 수도 있어요. 하지만 실제로 저체온증에 걸려 죽는 경우는 드물어요. 그보다는 **추위가 아닌 고독과 냉대, 불행과 비참함** 때문에 죽는 사람이 많죠.

### 노숙인에게 도움이 필요할 때는 119번으로 전화하세요

위급한 상황에 처해 있는 노숙인을 발견하게 되면 어른의 도움을 받아 119번에 전화해야 해요. 그러면 구조대가 와서 노숙인의 상태를 살필 거예요. 통화는 무료고 24시간 연결되어요.

## 여름에는 노숙인이 줄어드는 것 같아요. 어디로 가는 거죠?

**여름휴가를 떠난 건 절대 아닐 거예요.** 겨울보다 수가 줄어든 것 같다고요? 아니에요. 그렇게 느꼈다면 더워서 바깥에 신경 쓸 겨를이 없었기 때문일 거예요. 노숙인 구조대에서 하는 일은 여름이라고 줄어들지 않거든요.

노숙인에게 **여름은 겨울만큼이나 힘든 계절이에요.** 아니, 오히려 더 힘든 시간이지요. 사람의 몸은 **추위보다 더위에 약하거든요.** 노숙인 중에는 술이나 불안감 때문에 몸이 약해져 있는 사람이 많아요. 그런 사람들은 더위를 이겨 내기 힘들지요. 노숙인 구조대는 여름에 노숙인을 찾아다니며 일사병을 피할 수 있도록 물과 모자를 나눠 주어요. 여름에도 스웨터 한두 벌로 버티는 노숙인도 있어요. 그러면 땀을 많이 흘려 감기에 걸리기 쉽지요. 그래서 노숙인 보호시설에서는 노숙인들이 샤워를 하고 잠시나마 더위를 피할 수 있게 돌봐 준답니다.

### 8월의 식품 원조

피에르 란느는 매년 9월이면 사람들이 더 야위어서 보호시설로 온다는 사실을 알게 되었어요. 8월에 보호시설이 문을 닫기 때문이었죠. 그래서 피에르는 '8월의 식품 원조'라는 협회를 만들어서, 8월에도 파리 시내 다섯 곳에서 식사 배급을 시행하게 했답니다. "배고픔은 휴가를 떠나지 않는다."라고 말하면서요.

## 끼니는 어떻게 해결하나요?

**노숙인은 대체로 음식을 만들어 먹지 않아요.** 기껏해야 버너에 음식을 데우는 정도지요. 노숙인은 대개 **무료 급식소에서 식사**해요. 아니면 나라에서 받은 지원금으로 식료품을 사거나, 장이 파할 때 버려진 식료품을 찾아다니거나, 슈퍼마켓 쓰레기통을 뒤지기도 하지요. 동네 주민이나 상인이 마련해 준 음식을 먹기도 해요. 거리에서 생활하다 보면 시간 개념이 금세 사라져요. 사람들은 보통 매 시간을 몸으로 느껴요. 학교는 아침 8시 30분에 시작하고, 학교 식당은 정오에 문을 열고, 매주 수요일엔 오후 2시부터 3시까지 축구 시합을 하고요. 하지만 노숙인에게 시간은 큰 의미가 없어요. **식사 시간이 정해져 있지도 않고 끼니를 건너뛰는 경우도 많아요.** 그냥 먹을 게 있을 때 먹지요. 그렇다 보니 **균형 잡힌 식생활이 불가능해요. 배불리 먹지 못하는** 사람도 많고요.

**푸드 뱅크 - 음식 낭비를 막아요**

푸드 뱅크는 음식 낭비를 막자는 목표 아래 1960년대 미국에서 처음 생겨났어요. 푸드 뱅크에서는 식료품을 구입하지 않아요. 식품 회사나 대형 슈퍼마켓, 개인을 통해 먹을 수 있는 음식들을 모으지요. 이렇게 모아진 음식들은 가난한 사람들을 돕는 단체로 보내져요.

## 화장실은 어떻게 해결하나요?

**어디든 해결할 수 있는 곳에서 한답니다! 정말 큰 문제지요.** 남자들은 나무둥치나 담벼락에 볼일을 봐요. 여자들은 남의 눈에 띄지 않는 구석진 곳이나 주차된 차들 사이에 몸을 숨기고 볼일을 보지요. 카페 또는 백화점 화장실을 사용하기도 해요. 용변을 참아야만 하는 일이 자주 일어나기 때문에 종종 건강에 문제가 생겨요. 공중 화장실이 있지만 들어갈 수 없는 곳도 있고, 청소가 제대로 안 돼서 지저분한 곳도 많거든요.

### 파리에는 400곳의 무인 자동 화장실이 있어요

프랑스 파리에는 무인 자동 화장실이 400군데 설치되어 있어요. 2007년까지는 돈을 내고 이용해야 했지만 이제 무료로 운영된답니다. 노숙인에게 무척 반가운 소식이죠. 서울에도 무인 자동 화장실이 있어요. 하지만 그 수가 매우 적고 관리도 제대로 되지 않고 있어요.

## 안 좋은 냄새가 나요!

**씻지 않으면 누구나 몸에서 안 좋은 냄새가 나요.** 여러분도 마찬가지예요. 노숙인은 잘 씻지 않아요. 씻을 곳이 마땅치 않아서이기도 하지만 다른 사람이 자신을 어떻게 생각하고 어떻게 바라볼지 아예 관심이 없기 때문이에요. 오랜 시간 사람들과 떨어져서 생활한 결과지요.

그래서 옷을 손질하거나 세탁하지 않고 날마다 같은 옷을 입고 다닐 수 있는 거랍니다. 다행히 노숙인 보호시설에 가면 샤워를 할 수 있고, 깨끗한 속옷을 받을 수도 있어요. 옷을 세탁할 수도 있고요.

## 길에서 생활하다 보면 병에 걸릴 텐데요

**피부병**으로 고생하는 노숙인 이 많아요. 이가 옮거나, 옴에 걸리거나, 피부에 염증이 생기기도 해요. 특히, 노숙인은 양말을 신지 않고 맨발로 걸을 때가 많아요. 그래서 발에 상처가 나면 곪기 쉽지요.

노숙인은 **결핵**에도 많이 걸려요. 결핵은 6개월 정도 꾸준히 치료받으면 낫는 병이에요. 하지만 거리에서 시간 감각을 잃은 채 사는 노숙인이 꾸준한 치료를 받기란 무척 어려운 일이지요.

길에서 살면 **술과 마약**에 노출되기 쉬워요. 잠시나마 거리 생활의 고통을 잊으려고 술과 마약을 하죠. 하지만 술과 마약을 계속하면 몸이 망가지게 되지요.

또한, 거리 생활로 인해 몸이 약해지고 체력이 떨어지면 잘 넘어지고 고꾸라져요. **팔다리가 부러지거나, 크게 다치는** 사람도 있어요.

**정신적인 문제**를 겪는 사람도 있어요. 말수가 줄어들고 자기가 누구인지 잊어버리게 되거나 혼잣말이 심해지기도 해요. 다른 사람과 관계 맺기가 어려워지지요. 마음에 깊은 병이 생긴 거예요.

## 노숙인이 병원에 가면 치료비는 누가 내나요?

프랑스에는 **저소득층 의료 보험**이라는 제도가 있어요. 그래서 가난한 사람도 병원비 부담 없이 치료를 받을 수 있지요. 아쉽게도 한국에는 가난한 사람들을 위한 보험 제도가 부족해요. 노숙인이 치료비 전부를 부담해야 하는 경우도 많죠.

치료비보다 더 큰 문제는 **노숙인이 치료받아야 할 필요성을 못 느낀다**는 거예요. 보통 사람들은 병에 걸리지 않기 위해 조심하고, 병이 나면 치료를 받아요. 하지만 거리에 사는 사람들은 병과 맞서 싸우려 하지 않아요. 심하게 다쳐도 당황하지 않지요. 상처가 곪거나 살이 찢어져도 걱정하지 않고요. 그래서 노숙인 관련 단체 사람들은 노숙인에게 먼저 다가가 치료를 제안하고 설득해요. 다행히 끈질긴 설득 끝에 치료받게 되는 노숙인도 있어요.

## 몇몇 노숙인은 왜 공격적이죠?

《 자기 구역에 누군가 들어오면 노숙인들은 **공격적으로 변할 수 있어요. 위협을 느끼기 때문이지요.** 특히 소지품이나 돈을 도둑맞은 적이 있다면 더욱 그럴 수 있어요.

사회로부터 버림받은 사람은 호의를 베풀면 의심을 품곤 해요. '나를 이렇게 내버려 둔 사람들이 왜 갑자기 나한테 관심을 갖는 거지?'라고 생각하며 **경계하게 되지요.** 우리도 같은 처지가 되면 아마 비슷한 행동을 할 거예요.

거리에서 생활하는 사람들은 자리나 이불을 차지하려 서로 싸우고, 서로 비아냥대다가 욕을 하며 다퉈요. 술기운이 더해지면 분위기가 더 험악해지지요. **살아남기 위해서는 스스로 자기 몫을 챙기는 수밖에 없으니까요.** 》

## 거리에서 가난한 사람을 보면 왜 마음이 아플까요?

**« 노숙인이 가진 게 하나도 없다고 느끼기 때문이에요.** 모든 것을 잃은 사람이 우리 주변에 살고 있다는 건 참 슬픈 일이에요. 그 사람들에겐 가족도, 친구도, 일자리도, 집도, 아무것도 없어요. 우리와 같은 사람이 거리에서 고통스럽게 사는 모습을 보면 마음이 아픈 건 당연해요. 그 사람을 위해 무슨 일을 해야 할지도 모르겠고요. **불편한 마음이 드는 것은 너무 당연한 일이지요. »**

## 노숙인을 돕고 싶어요. 인사를 건네는 걸로 시작하면 어떨까요?

**정말 좋은 생각이에요!** 몸은 건강한지, 필요한 것은 없는지 물어볼 수도 있어요. 단, 어른과 함께 있을 때 인사해야 해요. 혼자서는 절대 안 돼요. 부모님에게 내 생각을 이야기한 뒤에 부모님과 함께 노숙인에게 말을 걸어 보세요.

사람들의 외면을 받으며 거리에서 생활하는 사람들은 **미소나 짧은 인사 한마디에도 자기가 세상 속에 살아 있다는 느낌을 받아요.**

어른이 되면 여러 가지 방법으로 노숙인을 도울 수 있어요. 단체에 가입해서 무료 식사를 나눠 줄 수도 있고, 노숙인 보호시설이나 상담 센터에서 봉사할 수도 있어요. 노숙인 시설의 청소를 돕거나 노숙인과 이야기를 나누는 간단하지만 꼭 필요한 일들도 할 수 있고요.

**형편이 어려운 노숙인들이 다시 사회에 돌아올 수 있게** 도와주는 직업을 선택할 수도 있어요. 특수 교육사는 단체 활동이나 워크숍을 통해 노숙인이 자신에 대한 믿음을 되찾도록 도와주어요. 사회 복지사는 노숙인이 국가 지원금을 받거나 잠자리와 일자리를 구할 수 있는 방법을 찾아 주지요. 의사나 간호사는 노숙인의 건강을 챙겨 주고요.

**정치인** 역시 어려움에 처한 사람들의 생활 환경을 바꿀 수 있어요. 내가 사는 지역을 위해 열심히 일하는 정치인이 되고 싶은 어린이도 있을 거예요. 그럼 먼저 어린이 의회에 가서 가난한 사람들을 도울 수 있는 여러 가지 의견을 제안해 보는 건 어떨까요? 우리 동네에는 어린이 의회가 없다고요? 그렇다면 편지를 쓰는 방법도 있어요. 시장이나 구청장, 아니면 대통령에게 보내도 좋아요.

## 아빠가 노숙인에게 동전을 줘요

**아빠만의 방법으로 옳은 일을 하는 거예요. 마음이 따뜻한 사람은 자기 마음속에서 들리는 양심의 목소리에 따라 행동해요.**

용돈이나 간식, 샌드위치를 노숙인과 나누고 싶나요? 그렇다면 어른과 상의해 보세요. 어린이는 모르는 사람에게 혼자서 말을 걸면 안 돼요. 부모님이나 주위 어른에게 내 생각을 전한 뒤 꼭 함께 행동해야 해요.

위험에 처한 노숙인을 봤다면, 어른의 도움을 받아 **긴급 전화**를 거세요.

다음 번호를 기억해 두면 좋아요.

119번: 소방서(응급 환자가 생기거나 사고가 일어났을 때)

1600-9582번: 서울시 다시서기센터 위기대응콜 (노숙인 전용 번호, 64쪽을 읽어 보세요.)

**위험한 사건에 휘말린 노숙인을 보면 112번으로 전화하세요.** 노숙인은 도와주는 사람이 없어서 범죄에 노출되기 훨씬 쉬워요. 112번에 전화하면 경찰관이 노숙인에게 도움을 줄 거예요.

> 음식을 사라고 준 돈으로
> 술을 사는 노숙인이 있어요!

《 **노숙인도 사고 싶은 걸 살 자유가 있어요!** 누가 나에게 용돈으로 사탕이나 빵을 사 먹지 말라고 하면 기분이 어떨까요?
**우리는 다른 사람의 자유를 존중해야 해요.** 노숙인에게 이래라저래라 하거나 설교를 늘어놓을 권리는 누구에게도 없어요. 노숙인이 술이나 담배 같은 생활 속의 작은 기쁨을 누릴 수 있게 그냥 내버려 두세요. 노숙인은 이미 너무 불행해요. 》

## 노숙인에게 식사를 대접하는 아주머니를 알고 있어요

세상에는 **아름다운 행동**을 실천하는 사람도 많아요. 노숙인에게 음식을 대접하는 사람, 옷이나 이불을 나눠 주는 사람, 따뜻한 말을 건네는 사람들이 있지요. **각자 자기 마음이 이끄는 대로 행동하는 사람들이죠.** 어른이 되면 우리도 각자의 방식으로 노숙인에게 사랑과 격려를 전할 수 있어요. 그러려면 먼저 노숙인의 어려움을 진심으로 이해하고 바라보는 법을 배워야 해요. 거리에서 노숙인을 마주쳤을 때, 먼저 **살짝 미소를 지어 보는 걸로 시작해 봐요.**

## 우리 동네에는 가난한 사람을 돕는 단체가 있어요

**가난한 사람을 돕는 단체는 아주 많아요. 잘 알려진 곳도 있고 그렇지 않은 곳도 있지요.** 이런 단체에서는 가난한 사람에게 옷과 먹을 것을 나눠 주고, 일자리나 살 곳을 구할 수 있도록 도와요. 그밖에도 미용 서비스를 통해 노숙인이 자신의 외모에 대한 자신감을 되찾게 도와주고, 연극이나 요리, 원예 교실 등에 참여시켜 자신이 쓸모 있는 사람이라는 걸 깨닫게 하지요. 한마디로 인간다운 삶을 되찾게 도와주는 거예요.

노숙인 단체는 개인과 기업이 후원하는 돈과 물품으로 활동해요. 정부나 국제기구에서 기부금을 받는 단체들도 있고요. **노숙인 단체에 후원하고 싶다면 부모님께 말해 보세요.** 단체에서는 **노숙인을 위한 법을 만들고 고치는 일**도 해요. 예를 들어 ATD 제4세계(29쪽을 보세요.)를 세운 조셉 레신스키 신부는 소외와 빈곤을 예방하는 법안을 내놓았어요. 조셉 신부는 1998년 '모든 사람이 배고플 때 먹고, 아플 때 치료받고, 힘들 때 쉴 곳을 가질 권리가 있다'는 내용의 법안을 발의했지요. 하지만 이 법을 실현하는 것은 무척 어려운 일이에요.

### 자존감

자기 자신을 존중하고 자랑스러워하는 마음이에요. 자존심과도 비슷한 말이죠. 노숙인은 자신이 삶에 실패했다고 느끼며, 가난 속에 사는 것을 수치스러워 해요. 많은 단체가 노숙인이 자존감을 되찾도록 돕는 건 바로 그런 이유 때문이죠.

## 우리 집에서 며칠만 지내게 하면 어떨까요?

《 **참 아름다운 마음씨를 가졌네요. 하지만 현명한 생각은 아니에요.**
집에서 노숙인과 며칠 지낸 뒤에는 어떻게 할 건가요? 우리 집에서 나가 달라고 어떻게 말할 건가요? 왜 며칠 밤밖에 재워 줄 수 없느냐고 물어보면요?

노숙인은 오랜 시간 사람과 떨어져 지내 왔어요. 그래서 **반드시 전문가의 손길이 필요해요.** 전문가들은 노숙인이 무엇을 필요로 하는지, 노숙인을 어떻게 대해야 하는지 등을 잘 알고 있으니까요.

노숙인을 집에 데려오기보다는 밤을 따뜻하게 보낼 준비가 되어 있는지 확인하는 편이 나아요. 노숙인 구조대에 전화를 걸어 도움이 필요한 노숙인이 있다고 알려 주는 것도 좋지요. 》

### 노숙인이 살 집을 더 지으면 되잖아요?

《 **집을 더 짓고 있지만 여전히 부족해요.** 집을 짓는 데는 돈도 많이 들고, 집 지을 곳을 찾는 일도 만만치 않아요. 사람들은 자신의 동네에 노숙인을 위한 아파트보다는 고급 주택이 들어서길 바라거든요.

우리는 누구나 제대로 된 집에서 살 권리가 있어요. 이 권리를 '주거권'이라고 해요. 법에 보장된 권리이지요. 다시 말해 노숙인도 깨끗한 곳에서 살 법에 따른 권리가 있다는 말이에요. 정부는 노숙인을 위한 집을 짓고 노숙인을 보호해야 할 의무가 있어요. 하지만 이런 사실을 알고 있는 사람은 거의 없어요. 》

## 왜 보호시설에 가지 않으려는 노숙인이 있을까요?

**진심으로 따뜻하게 맞이하는 보호시설이 별로 없기 때문이에요.** 많은 보호시설이 아침 일찍 문을 닫고 저녁이 되어서야 다시 문을 열어요. 노숙인은 보호시설에서 도둑을 맞거나 싸움이 일어날까 두려워하기도 해요. 보호시설이 별 네 개짜리 호텔 같다면 아무도 보호시설에 들어가는 걸 꺼리지 않을 거예요. 좁더라도 보호시설을 깨끗하고 따뜻한 공간으로 꾸미고, 찾아가기 쉬운 곳에 만들면 좀 더 많은 노숙인이 보호시설을 이용하려고 할 거예요.

**보호시설에 자리가 없는 경우도 많아요.** 노숙인이 응급 구조 전화를 건다 해도, 구조대가 하룻밤 묵을 곳을 찾아 줄 수 없어 발만 동동 구르기도 하지요. 특히 추운 겨울밤에는 보호시설에 들어가려는 사람이 많아서 남는 자리가 거의 없답니다. 잠자리가 턱없이 부족하기 때문에 추위에 떨며 밤을 보내는 사람들이 많아요.

### 다양한 노숙인 보호시설

밤에는 임시보호시설에서 노숙인에게 따뜻한 식사와 씻을 공간, 잠자리를 제공해요. 낮에는 주간보호시설에서 노숙인을 돌보지요. 커피를 마시며 사람들과 이야기를 나누고, 몸을 씻고, 세탁을 하고, 의사를 만날 수 있어요. 나라의 도움을 받을 수 있게 조언해 주는 전문가도 있고요. 그밖에도 오랫동안 머물 수 있는 장기보호시설도 있어요. 아이가 있는 여성만 갈 수 있는 보호시설도 있고요.

## 겨울엔 억지로라도 보호시설에 들어가게 하면 어때요?

### 노숙인 거리 지원팀

노숙인 구조대는 작은 팀을 이루어 차를 타고 노숙인 밀집 지역을 돌아다녀요. 겁먹고 숨어 있는 노숙인, 절망에 빠진 노숙인을 찾아 내기 위해서지요. 전문가로 이루어진 노숙인 거리 지원팀은 노숙인을 발견하면 말을 건네고, 따뜻한 음료를 권하거나 치료해 주기도 해요. 위험에 처한 사람이 있을 때는 보호시설이나 병원에 가도록 설득해요.

**좋은 뜻이라도 억지로 시키는 것은 다른 사람의 선택을 존중하지 않는 태도예요.** 누구든 원하면 밖에서 잘 자유가 있답니다. 거리에서 몇 달 생활하다 보면, 스스로 보호하는 법을 배우고 낮은 기온에서도 잘 견디게 되지요. 오히려 꽉 막힌 공간에서 다른 사람과 붙어 자는 걸 괴로워하는 사람도 많아요.

익숙한 자기 구역을 떠나 보호시설에 가서 몇 밤 자는 게 무슨 이득이 있을까요? 아무 도움이 되지 않는다고 생각하는 사람도 있어요. 노숙인은 길거리에 있는 자기 자리를 빼앗기는 걸 제일 두려워하거든요. 그래서 자기 자리를 떠나지 않고 지키려 하지요.

만약 노숙인을 억지로 보호시설로 끌고 가면, 노숙인이 구조대원이나 지원 단체 직원들을 경계하게 될 거예요. 더는 그 누구의 도움도 받아들이지 않게 될 위험마저 있지요.

**긴급 상황이 아니면, 노숙인의 선택을 존중하세요. 그것이 노숙인이 누릴 수 있는 유일한 자유일지 모르니까요.**

노숙인 아저씨가 어느 날 갑자기 사라졌어요! 이유가 뭘까요?

**머무는 곳을 옮긴 게 아닐까요?** 잠시 쉬고 싶은 마음이 들어서 **보호시설에 들어갔거나,** 몸이 아파서 병원에 갔는지도 몰라요.
어쩌면 세상을 떠났을 수도 있어요. **노숙인은 오래 살지 못해요.** 몸과 마음이 약해질 대로 약해진 상태에서 매년 많은 노숙인이 거리에서 목숨을 잃고 있어요.
그래서 노숙인의 장례식을 대신 치러 주는 단체도 있어요. 거리에서 숨을 거둔 사람 중엔 이름조차 알 수 없는 노숙인도 있거든요. 세상을 떠난 사람이 마지막을 인간답게 보낼 수 있도록 아름다운 글도 읽고 무덤에 꽃도 놓아 두지요.

### 이 숫자 좀 보세요!

한국 통계청 조사에 의하면 우리나라에서는 매년 300명가량의 노숙인이 거리에서 죽음을 맞고 있어요. 300명은 결코 적은 수가 아니에요. 한없는 외로움과 차가운 무관심 속에 죽어 가는 사람들이 우리 사회에 이렇게 많다는 사실을 모든 이들에게 보여 주는 숫자지요.

# 노숙인은 평생 거리에서 사나요?

**거리 생활에서 벗어나는 노숙인도 있어요.** 노숙인 구조대에서는 노숙인이 다시 일어설 기회를 주고 있어요. 앞으로 어떤 삶을 살지 개인의 상황에 맞추어 노숙인과 함께 계획을 세워 주지요. 시민으로서의 자리를 되찾을 수 있도록 말이에요. 하지만 이 일은 오랜 시간과 끝없는 노력이 필요해요. 거리에서 살아온 시간이 길면 길수록 더 많은 노력이 들지요.

노숙인은 일자리를 찾기 전에 먼저 해야 할 일이 있어요. 단체 생활의 규칙과 예의를 몸에 익히고, 다른 사람과의 관계나 시간에 대한 개념을 다시 쌓아야 해요. 특히 자기가 어떤 사람인지에 대해 시간을 들여 생각해 보는 일이 중요해요. 일자리가 생긴 것만으로 다시 예전의 삶으로 돌아갈 수는 없거든요.

그렇게 하면 소외에서 벗어나는 사람도 생겨요. 사람들에게 애정과 관심을 받고 살 집을 얻는 등 생활 환경이 점점 나아지지요.

완전히 달라진 삶을 살게 된 사람도 있어요. 프랑스에 사는 쉰다섯 살 '장'이 바로 그런 사람이에요. '자존감, 희망, 미래'라는 단어가 장의 인생에 다시 나타났지요.

다음 쪽에서 장의 이야기를 읽어 보세요.

### 사회 복귀란?
사회에 복귀시킨다는 건, 온전한 시민으로서 사회 속에 자리 잡도록 도와준다는 뜻이에요. 직장을 갖고 한곳에 자리 잡고 살면서 다른 사람과 관계를 맺을 수 있도록 말이에요.

# 거리를 떠나 자유를 찾아서

장은 파리 주변 뱅센 숲에서 텐트를 치고 살았어요. 정기적으로 노숙인 구조대에 가서 샤워와 세탁을 하고 전문가들과 이야기를 나눴지요. 의사에게 진찰받고 사회 복지사도 만났어요.

저녁이면 구조대 사람들이 임시보호시설에서 자고 가라고 권했지만 장은 늘 거절했어요. 숲으로 돌아가는 편이 낫다고 했지요. 그렇게 2년이 지난 어느 날, 장은 보호시설에 가는 것을 받아들였어요.

그 뒤 사회 복지사는 노숙인 장기 보호시설에 들어가면 어떻겠느냐고 장에게 제안했어요. 장은 그러기로 했지요. 장은 2년 동안 노숙인 구조대의 주간 상담 센터에 다니며 요리 교실과 페인트 도장 교실에 참여했어요. 그 사이 바닷가로 여행도 두 번이나 갔다 왔죠. 제대로 된 휴가를 떠난 거예요! 정말 오랜만에 한 여행이었죠.

어느 날 노숙인을 위한 임대 주택에 자리가 하나 났어요. 장은 스스로 그곳에서 살겠다고 나섰어요. 드디어 자기 집 열쇠를 갖게 된 거예요. 장은 지금 그 집에서 식사를 준비하고 친구들을 불러 우정을 쌓고 다양한 활동에 참여하고 있어요. 장이 뱅센 숲의 차갑고 축축한 땅 위에 텐트를 치고 산 건 이제 먼 옛날이야기가 되었답니다.

# 노숙인 구조대에서는 무슨 일을 하나요?

의료 구급대가 아픈 사람에게 달려가듯 노숙인 구조대는 노숙인들을 만나러 달려가요. 나라마다 그 형태가 달라도 노숙인을 구조하려는 사람들의 노력은 모두 값진 것이에요.

### 노숙인과의 만남

노숙인 구조대원들은 차를 타고 밤낮으로 거리를 돌아다녀요. 노숙인들을 만나기 위해서지요. 응급 전화를 받고 출동할 때도 있어요. 구조대원은 노숙인을 만나면 먼저 인사를 건넨 뒤 따뜻한 음료를 주고, 의사의 치료나 잠자리를 권해요. 위험에 처한 사람이 있으면 임시보호시설이나 병원으로 데려가지요.

### 낮에 하는 활동

노숙인 구조대는 노숙인 보호시설과 연결되어 있어요. 노숙인은 보호시설에서 사람들과 차를 마시며 몸을 녹일 수 있어요. 보호시설에서는 노숙인에게 샤워나 세탁뿐만 아니라 의사 또는 심리 상담사에게 진료를 받기를 권하지요. 신분증을 잃어버리거나 도둑맞은 사람들은 신분증을 다시 만들 수 있도록 도와주고 환자는 치료도 해 준답니다.

### 밤을 위해 마련한 잠자리

노숙인 구조대에서는 밤에 임시보호시설을 운영하고 있어요. 노숙인에게 잠자리와 식사, 샤워 시설 등 따뜻한 보살핌을 제공하지요. 또한 여성 전용 숙소와 장기보호시설도 관리하고 있답니다.

**한국에는?**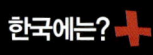
서울시 다시서기센터
www.homelesskr.org
홈리스행동
www.homelessaction.or.kr

**국제노숙인구조대, 사뮈소시알**

그자비에 에마뉘엘리 박사가 1998년에 세운 단체예요. 전 세계의 대도시 15곳에서 활동하고 있지요. 사뮈소시알에서는 순찰대를 만들어 살아남기 위해 발버둥치는 노숙인을 찾아다니고 있어요. 특히 세네갈의 수도 '다카르'나 베트남의 '호찌민' 같은 곳에서는 길에서 생활하는 어린이들을 많이 구조하고 있어요.

# 자, 이제 무엇을 하면 좋을까요?

노숙인은 필요한 것이 아주 많아요.
특히 다른 사람과의 만남이 필요하지요.
노숙인은 가족이나 친구, 이웃과의 관계가 모두 끊어져 버렸어요.
그래서 자신이 쓸모없는 사람이라고 여기지요.
가족과 친구와 이웃은
사람 사이를 이어 주는 연결 고리예요.
아주 소중한 존재지요.

**우리가 연결 고리가 되어 줄 수 있어요!**

## 노숙인을 위해 우리가 할 수 있는 일은 또 없을까요?

집에서는요?
학교에서는요?
우리가 사는 동네에서는요?

**아름다운 세상을 만드는 시민이 되세요!**

톡 생각을 톡(toc) 틔워 주고, 마음속에 담긴 이야기(talk)를 나눌 수 있는 책을 만듭니다.

## 자기 주도적 생각의 시작 철학톡

자기 주도적인 삶을 시작하는 초등학생 어린이를 위해 우리 삶과 사회의 문제들을 깊이 고민해 볼 수 있도록 다양한 생각거리를 제공해 주는 시리즈입니다.

### 와글와글 철학학교

안느 소피 쉴라르·그웨나엘 불레 글 | 파스칼 르메트르 그림
강미란 옮김 | 오스카 브르니피에 철학 카운슬러 | 황경식 감수
124쪽 | 16,000원

생활 속에서 생겨나는 크고 작은 궁금증에 대한 답을 다각도로 생각하면서 능동적으로 찾을 수 있게 도와주는 어린이 철학 책. 실제 철학 수업을 받는 것처럼 스스로 질문하고 답하기를 가능하게 하는 역동적인 책 읽기를 경험하게 한다.

★경기도 학교도서관 사서협의회 추천
★한국출판문화산업진흥원 청소년 권장도서
★한국간행물윤리위원회 선정   ★한국철학회 황경식 박사 추천

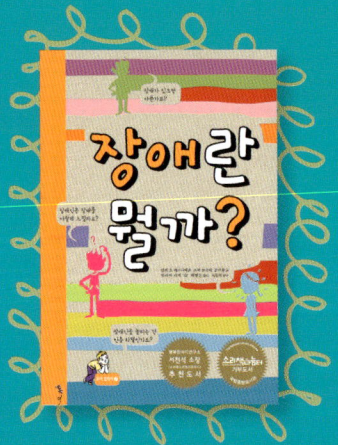

### 장애란 뭘까?

엘렌 드 레스니데르·소피 보르데-프티용 글 | 엘리자 라제 그림
배형은 옮김 | 서천석 감수 | 80쪽 | 14,000원

정말 궁금하지만 쉽게 알 수 없었던 장애에 대한 질문들로 나와 다른 사람에 대한 진정한 이해와 존중을 깨닫게 하고 열린 마음과 깊이 있는 철학적 사고의 기초를 세워 준다.

★행복한아이연구소 서천석 소장 추천
★국립중앙도서관 소리책 나눔터 기부도서
★한국아동문학인협회 추천   ★으뜸책 선정
★경향신문 추천   ★한겨레신문 추천   ★아침독서신문 추천

### 삶과 죽음에 대한 커다란 책

실비 보시에 글 | 상드라 푸아로 셰리프 그림
배형은 옮김 | 성태용 감수 | 76쪽 | 14,000원

조금은 겁이 나고 무섭지만 너무너무 궁금하고 꼭 알고 싶은 여러 가지 물음을 통해 삶과 죽음의 의미를 되새기고 스스로 세상에 물음표를 붙여 나가며 자기만의 철학적 사고를 시작하게 도와준다.

★한국철학회 성태용 회장 추천   ★아침독서신문 추천

### 난 왼손잡이야. 그게 어때서?
미셸 피크말 글 | 자크 아잠 그림 | 양진희 옮김
국제앰네스티 한국지부 감수 | 68쪽 | 14,000원

오랜 인류 역사 속에서 늘 존재해 왔지만, 늘 없는 존재처럼 부정당해 왔던 소수자 중 하나인 왼손잡이에 대한 책. 왼손잡이가 받는 차별을 다양한 사례를 통해 보여 주고, 왼손잡이와 오른손잡이가 서로의 다름을 인정하고 평화롭게 공존할 수 있는 방법을 제시한다.

★국제앰네스티 한국지부 추천   ★아침독서신문 추천

### 나는 불평등이 싫어!
카트린 르뷔펠 · 소피 보르데-프티용 글 | 로젠 브레카르 그림
이희정 옮김 | 이봉주 감수 | 64쪽 | 12,000원

사람들은 왜 저마다 사는 방식이 다른지, 왜 누구는 부유하고 누구는 가난에 허덕이는지 등 어린이의 눈으로는 이해하기 어려운 세상의 부조리와 그 원인들을 따뜻하고 정의로운 시선으로 차근차근 이야기해 준다.

★으뜸책 선정

### 가족이란 뭘까?
스테판 클레르제 · 소피 보르데 글 | 클로드카 그림
허보미 옮김 | 허보미 감수 | 76쪽 | 12,000원

가족에 관한 아이들의 질문에 아동정신의학 박사님이 답한 내용을 알차게 담았다. 아이들 마음에 깊이 와 닿는 답변들로, '가족'을 제대로 이해하고 가족 구성원으로서 바람직한 태도를 갖춰 가는 데 올바른 안내서가 되어 준다.

### 노숙인 인권학교
그자비에 에마뉘엘리 · 소피 보르데 글 | 레미 사이아르 그림
배형은 옮김 | 노명우 감수 | 76쪽 | 12,000원

우리 주변에서 쉽게 마주칠 수 있는 노숙인에 대한 이야기를 담았다. 노숙인은 어떤 사람들이며, 왜 노숙인이 되는지, 노숙인을 어떻게 대해야 하는지 등등 어린이들이 궁금해하는 노숙인에 대한 물음을 전문가 선생님과 함께 그 답을 찾아본다. 그러면서 소외받으며 사는 사람들을 따뜻한 눈길로 보듬는 법을 함께 고민하게 한다.